काव्य शाखाएँ

मिली साहा

प्रथम संस्करण: जून 2023
भारत में मुद्रित

टाइप : निर्मला, सुरा

ISBN: 978-81-964140-4-7

आवरण रचना: देवव्रत साहू

प्रकाशक :   स्टोरीमिरर इंफोटेक प्राईवेट लिमिटेड,
7वीं मंजिल, एल तारा बिल्डिंग,
डेल्फी बिल्डिंग के पीछे, हीरानंदानी गार्डन,
पवई, मुंबई, महाराष्ट्र - 400076, भारत

Web: storymirror. com
Facebook: @storymirror
Instagram: @storymirror
Twitter: @story_mirror
Contact Us: marketing@storymirror. com

अनुक्रम

ओ' मेरी माँ

बहती हुई नदी की धारा-सा निश्चल और अविरल स्नेह तेरा,
चाहकर भी क़र्ज़ तेरा कभी चुका ना पाऊँगा, ओ' मेरी माँ।

वो पहली धड़कन भी तो मेरी, तुझ में ही तो धड़की थी न,
कुछ भी नहीं वजूद मेरा अलग होकर तुझसे, ओ' मेरी माँ।

खामोश मेरी ज़ुबां को शब्द दिया है तूने, तू ही मेरा ब्रह्मांड,
तेरा आँचल ही तो जमीं मेरी और आसमां भी, ओ' मेरी माँ।

जब खोली आँखें पहली बार, तुझे ही सामने, पाया था मैंने,
तेरी ममता के नूर से ही तो ज़िंदगी मेरी रोशन, ओ' मेरी माँ।

कोरा काग़ज़ था मन मेरा अभिलाषाओं का रंग तूने ही भरा
तुझसे ही तो मेरे जीवन का हर रंग है उज्ज्वल, ओ' मेरी माँ।

थामकर मेरी उँगलियों को पग-पग चलना तूने ही सिखाया
तेरे नेह भरे कर का स्पर्श कभी भूला न पाऊँगा ओ' मेरी माँ।

कितनी ही रातें जागकर काटी तूने, सुलाया मीठी नींद मुझे
ऐसी निःस्वार्थ ममता बस तू ही लुटा सकती है, ओ' मेरी माँ।

तूफ़ान का तेज़ भी रोक दे ऐसा निर्मल झरने-सा है स्वर तेरा
ज़िंदगी की तपती धूप में तू ही तो शीतलता है, ओ' मेरी माँ।

मेरी पलकों में खिलते ख़्वाबों को सहलाया, आकार दिया
आज जो कुछ मेरे पास, सब तेरा ही तो दिया, ओ' मेरी माँ।

तू मेरा जीवन सार, तू ही आधार, तू मेरे सर्वस्व की पहचान
मेरी हर एक साँस पर, है अधिकार तेरा ही पूर्ण, ओ' मेरी माँ।

दुःख खुद के दामन में समेटे, मुझे सुख की खुशबू में पाला
कितने भी जन्म ले लूँ, क़र्ज़ चुका ना पाऊँगा, ओ' मेरी माँ।

निर्झर बहता जाए

निर्झर का कल-कल स्वर मानो जीवन संगीत सुनाए,
सुख-दुःख को साथ अपने लेकर, निर्झर बहता जाए,
ऐसी ही कुछ ज़िंदगी हमारी, किरदार आते चले जाते,
फिर भी रुकता न जीवन हमारा निरंतर चलता जाए।

सुख-दुःख की यहाँ आती बेला, जीवन का यही खेला,
कभी आसमां की ऊँची उड़ान, कभी खाई में धकेला,
विहंगम है यहाँ हर मोड़ पर, जाने कौन-सा इम्तिहान,
किस पल में क्या होगा, कोई नहीं यहाँ समझने वाला।

निरंतर गर गति ना हो निर्झर में, तो है वो मृत समान,
जीवन ठहराव भी तो मृत्यु, नहीं कोई इससे अनजान,
कभी न ख़त्म होने वाला संघर्ष है, यह जीवन हमारा,
इन्हीं संघर्षों के बीच बनानी पड़ती है अपनी पहचान।

गतिशीलता से ही निर्झर का अस्तित्व सदैव सुरक्षित,
सहज स्वीकार कर चलो, यहाँ सब कुछ है परिवर्तित,
आसान नहीं जीवन का सफ़र, पग-पग पर यहाँ कांटें,
जिसमें चलते-चलते, कभी हार तो कभी होती जीत।

घबराए न जो हार से वही मार्ग प्रशस्त करने में समर्थ,
इसलिए तू कर्म करता जा अपना, समय न कर व्यर्थ,
स्थिति कैसी भी हो जाए तेरी, संघर्ष अपना जारी रख,
ज़ख्म पाकर ही समझ पाएगा, क्या है जीवन का अर्थ।

ये दुनिया एक मेला है

अलग-अलग किरदारों से सजा, यह दुनिया एक मेला है,
टेढ़ी-मेढी पगडंडियों-सी ज़िन्दगी, सुख-दुःख की बेला है,

भीड़ बहुत है इस दुनिया में, कोई अजनबी कोई अपना,
कहने को तो अपने बहुत पर हर इंसान यहाँ अकेला है,

पहचान है मुश्किल यहाँ, एक चेहरे पर लगे कितने चेहरे,
अपने छोड़ गैरों के पीछे भागे, ये इंसान बड़ा अलबेला है,

संभलकर चलो कितना भी, फिर भी धोखा खा ही जाते,
एक मोड़ पर सुकून है यहाँ तो अगले मोड़ पर झमेला है,

संघर्ष है, इम्तिहान है, कहीं फूलों की सेज तो कहीं काँटे,
चलना है इन सब को साथ लेकर, यही जीवन का रेला है,

कोई सह जाता तो कोई बह जाता, है सब इसी दुनिया में,
कोई समझे कर्मों का फल कोई समझे नसीब का खेला है,

कभी पराए बन जाते अपने, कभी अपने हो जाते बेगाने,
किसी की शहद-सी मीठी ज़ुबान, कोई बड़ा ही कसैला है,

दौड़ रहे सब अपनी धुन में किसी को किसी की सुध नहीं,
प्यार, अपनापन एक तरफ़, दूजी तरफ़ स्वार्थ का थैला है,

सच भी यही है, झूठ भी यहीं, यहीं पाप है, यहीं पुण्य भी,
परोपकारी है कोई यहाँ तो कोई सांप से अधिक विषैला है,

इन सब के बीच रहकर, वही बना पाता है अपनी पहचान,
जिसने दुनिया के इस मेले का हर एक दाँव यहाँ खेला है।

बसंत ऋतु का आगमन

सोलह श्रृंगार में सजी वसुंधरा हुआ बसंत का आगमन,
शहद-सी मिठास इस ऋतु में जो प्रफुल्लित करे जीवन,
सुहानी-सी यह ऋतु अनुपम, है ईश्वर का अद्भुत तोहफ़ा,
जो प्रकृति को लौटाए उसकी मुस्कुराहट उसका यौवन।

स्वर्ण रथ पर विराजित होकर जब धरा पर आए बसंत,
चेतना जगाए कण-कण में खुशियाँ लेकर आए अनंत,
हरियाली की चुनर ओढ़ नव वधु सी इठलाती वसुंधरा,
देख हृदय बस यही चाहे इस दृश्य का कभी न हो अंत।

दरख़्तों पर आ जाती हैं बहारें पुष्पित होते नव पल्लव,
खिलखिलाकर बलखाती लताएं पक्षी करते हैं कलरव,
ऋतुराज आगमन से, प्रकृति सौंदर्य की महफ़िल सजी,
ईश्वर की यह अद्भुत चित्रकारी देख मन हो जाए नीरव।

सरसों के पुष्प मानो कोई चादर बिछ गई हो पितांबरी,
नृत्य मुद्रा में सुसज्जित अधरों पर मुस्कान लिए धरित्री,
ख़ूबसूरत प्रकृति के साथ सुर में मिला कर अपना सुर,
गंधर्व विद्या में निपुणता का, जैसे परिचय है वो दे रही।

बसंत ऋतु लेकर आती किसानों के अधरों पर मुस्कान,
फसलों की कटाई लेकर आए खुशियों का नव विहान,
महीनों की कड़ी मेहनत का, मिलता उन्हें पारितोषिक,
यह ऋतु किसानों के लिए उत्सव किसानों की है जान।

नवजीवन देती है ये ऋतु मन में जगाती आत्मविश्वास,
शांति और शीतलता प्रदान करता मुनव्वर-ए-महताब,
तनासुख यह प्रकृति का फिजाओं में भरे अनोखा रंग,
हकीकत से परे किसी जन्नत का, जैसे देख रहे ख़्वाब।

इसी ऋतु में खिलते पंकज, सरिता में आ जाती बहार,
पूर्ण रूप से ढँक देते जल को, बस दिखे कमल कतार,
जैसे संकेत दे रहे हों, दामन में समेट लो सारे दुखों को,
और जीवन का आनंद लो यही तो है खुशियों का सार।

ऋतुओं का राजा ये, है ऋतु ये सब ऋतुओं से निराली,
पशु, पक्षी, मानव, धरा, अंबर संपूर्ण जगत की खुशहाली,
ऋतु परिवर्तन का आगाज़ ये,त्यौहार साथ लेकर आए,
बसंत पंचमी, महाशिवरात्रि, रंग बिरंगी, रंगों की होली।

सुंदरता से मंत्रमुग्ध करती, रंग-बिरंगी फूलों की बहार,
बसंत ऋतु ऐसी जो लेखकों की कलम में लाए खुमार,
ऋतुराज के प्रकृति से मिलन की, इस अद्भुत बेला का,
कवि भी अपने मन के काग़ज़ पर, लेना चाहे है उतार।

जाने कहाँ गया बचपन

मस्ती और खूब सारी शरारतों से भरा हुआ जीवन,
वक़्त की धारा में बह कर, जाने कहाँ गया बचपन,
ख़्वाबों की दुनिया, कितनी अच्छी थी वो नादानियाँ,
याद आती है जब कभी, प्रफुल्लित हो जाता है मन।

अनोखे खेल खेलना दोस्तों के साथ ऐसा था बचपन,
उत्साहित रहते थे इतने जैसे सूरज की पहली किरण,
बेवजह हँसना, बेवजह रोना, ना चिंता ना कोई फ़िक्र,
अपनी ही एक दुनिया थी, बचपन था खिलता चमन।

जहाँ उलझनों में नहीं, ख़्वाबों में उलझा करते थे हम,
प्यार की होती थी बरसात जब कभी आँखें होतीं नम,
झगड़ते थे दोस्तों संग, माता-पिता की डाँट भी खाते,
फिर भी महकती थी दुनिया हमारी नहीं था कोई ग़म।

धन दौलत नहीं होंठों की मुस्कुराहट से अमीर थे हम,
चंचल था मन इतना हमारा तितलियों से नहीं थे कम,
माँ का आँचल, पिता की डाँट, दादी माँ की कहानियाँ,
ऐसा जीवन जीने को तो मैं लेना चाहूँ बार-बार जन्म।

काश! वक़्त का पहिया ले चले वहीं जहाँ था बचपन,
न छल-कपट था न किसी से नफ़रत निश्छल था मन,
थक चुका हूँ मैं, ये समझदारी के खेल रास आते नहीं,
कुछ लम्हों के लिए ही सही जीना चाहूँ मैं वही जीवन।

शिव-पार्वती विवाह-अनोखी कहानी

भगवान शिव का विवाह था बड़ा अद्भुत और अनोखा,

न ऐसे बाराती देखे और न ऐसा वर, किसी ने था देखा,

बड़ी मनोरम, शिव-पार्वती विवाह की अनोखी कहानी,

शिवजी थे भोले भंडारी, माता पार्वती महलों की रानी,

जीवन सुख त्याग पार्वती, वैरागी शिव की हुई दीवानी,

कठिन तप में लीन हुई पार्वती, शिव को पाने की ठानी,

प्रेम की अद्भुत शक्ति से, संपूर्ण हुई तपस्या पार्वती की,

शिव का भी ख़त्म हुआ इंतज़ार, घड़ी आई मिलन की,

बोली पार्वती शिव से, विवाह प्रस्ताव लेकर घर आना,

माता-पिता से मेरा हाथ माँग कर, वरण कर ले जाना,

तय हो गई विवाह की बात, शिव जी की बारात सजी,

भूत प्रेत थे जिसमें शामिल सभी देवता और असुर भी,

कीड़े-मकोड़े, सभी जानवर, विक्षिप्त लोगों की जाति,

बड़े-से-बड़े छोटे-से-छोटे लोग, शिव जी के बने बाराती,

वैरागी शिव जाने न विवाह संबंधी, कोई रीति-रिवाज़,

हल्दी रस्म में भभूत लगा बोले भभूत ही तन का साज,

न स्वर्ण आभूषण, न साज-सज्जा, न ही किया श्रृंगार,

तन भभूत लगाकर निकल पड़े, नंदी पर होकर सवार,

मैना, पर्वत राज ने, विवाह का किया भव्य आयोजन,
भव्यता से पुत्री का विवाह करने का बड़ा उनका मन,

स्वर्ण, पुष्प और बहुमूल्य रत्नों से, सजा स्वागत द्वार,
बड़ी उत्सुकता के साथ करने लगे बारात का इंतजार,

सर्वप्रथम ऋषि, देवता गण आए मैना देख मुस्कुराई,
शिव की वर रूप में एक सुंदर छवि मन में उतर आई,

किंतु यह क्या भूत पिशाच देखकर डर गई मैना रानी,
उनके बीच, भभूत धारी शिव को देख, मौन हुई वाणी,

स्वागत द्वार पहुँचे शिव, जब शगुन देने की आई बारी,
शगुन किसको कहते हैं समझ ना पाए वो डमरू धारी,

देना होता इसमें अपनी कोई प्रिय वस्तु है यह रिवाज़,
जो भी आपके पास है, वो देकर सम्पूर्ण करो ये काज,

शिव बोले यह नाग मुझे है प्रिय इसी को ले लो शगुन,
थमा दिया हाथों में नाग, होठों पर प्यारी मुस्कान बुन,

देखकर ऐसा रूप, मैना को पार्वती की चिंता हो आई,
कैसे सौंप दूँ ऐसे वर को पुत्री, सोचकर मूर्छित हो गई,

होश आया जब वही रूप आँखों में बसा भभूत धारी,
कैसे रहेगी वैरागी संग, राज सुख में पली राजकुमारी,

शिव हो गए तैयार साज-सज्जा को देख माँ की चिंता,
स्वयं विष्णु ने अपने हाथों, श्रृंगार किया तब शिव का,

वस्त्र, आभूषण पहन सुसज्जित हुए परंपरा अनुसार,

संपूर्ण ब्रह्मांड में ना हुआ होगा किसी का ऐसा श्रृंगार,

देख अनुपम रूप, मैना को गलती का आभास हुआ,

सौभाग्यशाली है पुत्री पार्वती मेरी जो ऐसा वर मिला,

तब जाकर संपन्न हुआ विवाह शिव और पार्वती का,

सबसे अनुपम, अनोखा विवाह यह पुरुष प्रकृति का।

(प्रेम) राधा कृष्ण

प्रेम सुधा की प्यासी राधा ताप विरह का कैसे सहे,
तुम न जाना द्वारका नगरी ये बात कान्हा से कैसे कहे।

आई घड़ी विरह की, मौन हुए लफ़्ज़ बोल रही अंखियाँ,
ख़ामोश हुआ निधिवन, अश्क बहा रहीं गोप और सखियाँ।

पनघट हो जाएगा सूना कान्हा, कौन आएगा हमें सताने,
मजबूर हूँ राधे द्वारका नगरी जाने को, फ़र्ज़ हैं कई निभाने।

प्रेम भी तो फ़र्ज़ तुम्हारा ओ कान्हा, इसे भी तो निभाओ,
जी भर निहार लूँ तुमको, तनिक कुछ दिन तो रुक जाओ।

प्रेम मोह में यूँ न बांधो राधे, तुम्हें छोड़ जा न पाऊँगा,
विश्वास रखो राधे प्रेम पर, मैं लौटकर फिर यहीं आऊँगा।

प्रेम अनंत है हमारा कान्हा, पर दिल को कैसे समझाऊँ,
तुम बिन एक पल भी गंवारा नहीं, ये सदियां कैसे बिताऊँ।

दूर होकर भी हम पास राधे, एक दूजे में ही तो समाए,
अपनी राधे से अलग होकर, ये कान्हा भी कैसे जी पाए।

ऐसी बड़ी-बड़ी बातें करके कान्हा, जी न मेरा बहलाओ,
बंसी की धुन पर दौड़ी-दौड़ी कैसे आऊँगी ये ज़रा बतलाओ।

तुम ही तो सुर हो मेरी बाँसुरी का राधे, तुम से ही हर तान,
बहे प्रेम तुम्हारा ही इन साँसों में, तुम हो राधे तो है ये जान।

जाना है तो जाओ, ना रोकूँगी तुम अपना फ़र्ज़ निभाना,
पर वादा करो जब भी याद करूँ मिलन को तुम चले आना।

वादा है जब भी पुकारेगी राधे, ये कान्हा दौड़ा आएगा,
बिछड़कर हम बिछड़े नहीं प्रेम हमारा जग को ये बताएगा।

अहंकार के साम्राज्य का पतन

अहंकार है विष जीवन का, अहंकार पतन की पराकाष्ठा है,

अहंकार का प्रवेश द्वार, केवल विनाश की ओर ले जाता है,

यही बात तो वो अभिमानी रावण कभी समझ ही ना पाया,

अपने विनाश हेतु स्वयं उसने अंहकार का साम्राज्य बनाया,

ये कहानी है क्रोध और अहंकार में चूर लंकापति रावण की,

जिसने स्वयं अपने हाथों से खुशियाँ छीनी अपने दामन की,

ज्ञानी था, ध्यानी था, बलशाली वो शिव भक्त था वो महान,

अपनी शक्ति, अपनी भक्ति पर घमंड करता था बड़ा नादान,

महादेव को भी कैलाश सहित उठाने को वो तैयार घमंड में,

ईश्वर से नहीं है बलवान वो, समझ ना सका अपने अहम् में,

दिन-प्रतिदिन उसके अहम् का साम्राज्य होता गया विस्तृत,

जिसके गहन अंधकार में, उसकी आत्मा भी होती गई मृत,

अपने दंभ में आकर रावण ने, माता सीता का किया हरण,

सोच भी ना सका वो अभिमानी, मौत का कर रहा है वरण,

प्रभु श्रीराम की महिमा और शक्ति का उसे था ना आभास,

ऐसा घृणित दुस्साहस किया कि निश्चित था उसका विनाश,

पत्नी मंदोदरी और भाई विभीषण ने, बहुत उसे समझाया,

लौटा दो सीता को, किन्तु उसके सर पर थी अहम् की छाया,

लाख समझाने पर भी किसी की बात सुनने को नहीं तैयार,
विनाश काले विपरीत बुद्धि, यह बना उसके जीवन का सार,

जलकर खाक हुई सोने की लंका फिर भी रावण ना रुका,
अपने अहंकार की आग में, अपने वंश को भी झोंक दिया,

युद्ध के सिवाय श्रीराम के पास अब नहीं बचा कोई रास्ता,
फिर युद्ध हुआ भीषण श्रीराम रावण में रावण दिखा हारता,

एक-एक कर सभी परिजन पुत्र भाई युद्ध की बलि चढ़ गए,
मान-मर्यादा, ज्ञान, ध्यान, भक्ति सब दंभ के सागर में बह गए,

श्रीराम के हाथों अंत हुआ, रावण और उसके अहंकार का,
ख़त्म हो गया अहम् से बना साम्राज्य रावण के संसार का,

मुक्त हो गई माता सीता मुक्त हुई लंका रावण अत्याचार से,
रावण ने खुद अपने वंश का नाश किया, अपने व्यवहार से,

अहम् का साम्राज्य जब विशाल रूप में परिवर्तित होता है,
तो उस साम्राज्य का नाश करने श्रीराम रूप कोई धरता है।

ज़िन्दगी के इम्तिहान

वक़्त की मार, भर देती एक तूफ़ान, ख़ामोश आँखों में भी,
बदल जाते हैं रास्ते, जब गुजरती है ज़िन्दगी, इम्तिहानों से।

हर पल रंग बदलती ज़िंदगी, जाने कब कौन-सा मोड़ आए,
आखिर कौन बच पाया यहाँ वक़्त बेवक़्त आए तूफ़ानों से।

किस्मत का खेल कहो या वक़्त का, मजबूत चट्टानों की भी,
टूट जाती है हिम्मत, छलकता है दर्द जब सब्र के पैमानों से।

सुख कभी दुःख संग, जीवन की टेढ़ी-मेढ़ी पगडंडियों पर,
ज़िंदगी भी हर पल, कैसे-कैसे करतब करवाती इंसानों से।

सुख की छाँव कभी इतनी कि ख़ामोशी से गुजरती ज़िंदगी,
कभी निष्ठुरता ऐसी कि बरसों तक उबारती नहीं तूफानों से।

कोई खुद को अंधेरों में कैद कर लेता ताउम्र, दर्द से डरकर,
तो कोई सहकर ज़रख़्मों को निकल आता दर्द के मकानों से।

किंतु जो सहता है, वही जीवन जीता, बढ़ता सफ़र में आगे,
बीच राह ही ठहर जाता, जो डर जाता ज़िंदगी के तानों से।

सफ़र है ज़िन्दगी का, तो कभी ठहराव, कभी सैलाब होगा,
बस तू बढ़ता जा ऐ मुसाफिर, डरना क्या इन इम्तिहानों से।

ज़िन्दगी के सफ़र में इम्तिहान तो आते हैं बस हमें परखने,
बस खुशियाँ चुराने का हुनर सीखो, ज़िन्दगी के तरानों से।

ज़िन्दगी एक संघर्ष भरा सफ़र, निखरेगा तू, बिखर कर ही,
सफ़र हो जाएगा आसान, बस लड़ना सीख ले, तूफ़ानों से।

कुछ दूर अभी अंधियारा है

कुछ दूर अभी अंधियारा है, पर तुम नहीं घबराना,
हिम्मत की मशाल जलाकर, अपनी राह ढूँढ लेना,

अंधेरे के उस पार रोशनी कर रही तुम्हारा इंतजार,
हर मुश्किल होगी पार बस खुद पर रखना ऐतबार,

ठहर जाओगे जो तुम आज यहाँ अँधेरे से डर कर,
रह जाएगा ये भी मौका तुम्हारे हाथ से फिसलकर,

मिल जाए हार भी तो खुद को कमज़ोर न समझना,
तन हार भी जाए तुम्हारा तो मन से कभी ना हारना,

ज़िंदगी ने मौका दिया तुम्हें कामयाबी में बदल देना,
हार से घबराना ना तुम अपनी कोशिश ज़ारी रखना,

बार-बार गिरकर भी जो अपना हौसला नहीं खोते हैं,
संघर्षों की आग में तप कर वही तो सिकंदर बनते हैं,

कोई फूलों की सेज नहीं होती कामयाबी की राह में,
सफलता की तो चाभी ही होती है काँटों की पनाह में,

काँटों पर चलकर ही तो तुम सोना बनकर निखरोगे,
संघर्ष करके ही तो तुम अपनी शक्ति को पहचानोगे,

राह में मुश्किलें आती ही हैं, हमें मज़बूत बनाने को,
हिम्मत से आगे बढ़ो, कामयाबी खड़ी है खिलने को,

ख़्वाब पूरा हो न हो, आँखों में सदैव जिंदा रहता है,

कामयाबी न भी मिले पर अनुभव ज़रूर मिलता है,

क्या मिलेगा क्या नहीं, विचार त्यागो अपने मन से,

जगत को अपने व.जूद का प्रमाण दो अपने कर्म से।

जीवन के रंगों को दर्शाती होली

शरद ऋतु की विदाई का देखो संदेश लेकर आई,
एक ही रंग में सबको रंगने रंग-बिरंगी होली आई,
मौसम हुआ खुशनुमा आई फाग गीतों की बहार,
खुशियों की प्याली लेकर, होली रंग जमाने आई।

विविधता पूर्ण संस्कृति को, एक माला में पिरोती,
मनभेद मतभेद भुला, दुश्मन को भी गले लगाती,
भाईचारा, प्रेम, सौहार्द का है ये त्यौहार अनोखा,
सद्भावना का प्रतीक ये बुराई अहंकार मिटा देती।

रिश्तों को महकाए जो ऐसी रंगों की उड़ान होली,
प्रेम के रंगों से सराबोर, एकता की पहचान होली,
नफ़रत उधेड़ कर, दिलों में कर लो प्रेम की बुनाई,
आत्मसात कर रंगों को रिश्तों में लाए जान होली।

बुराई रूपी होलिका पर, अच्छाई की जीत होली,
प्रह्लाद की अटूट भक्ति विश्वास का, है गीत होली,
हर बुराई को जला कर, सन्मार्ग की ओर अग्रसर,
होने का मधुर सुर धारण किए, है संगीत ये होली।

भर कर रंग प्यार का, अपनेपन की पिचकारी में,
छिड़ककर देखो इसे, रूठे रिश्तों की फुलवारी में,
उपवन के मुरझाए पुष्प वापस खिलखिला उठेंगे,
लौट आयेंगी खुशियाँ भी, जीवन की गलियारी में।

उड़ाओ गुलाल लाल, पीला, नीला, हरा, गुलाबी,

दिलों के बंद दरवाजे खोल देगी ये रंगों की चाबी,

होली त्यौहार दर्शाती है जीवन के अनंत रंगों को,

दिलों को खोल कर देखो, यह बात नहीं किताबी।

वतन हमारा ऐसा है

वतन हमारा ऐसा है जहाँ अनेकता में भी एकता है,
संतों की भूमि है यह यहाँ संस्कार दिलों में रहता है,

सर पर बाँध लेते कफ़न मातृभूमि को एक पुकार पर,
वतन के जर्रे-जर्रे में बसी यहाँ देशभक्ति की गाथा है,

स्वर्णिम इतिहास यहाँ का संस्कृति इसकी महान है,
सम्पूर्ण विश्व में अतुल्य भारत की अलग पहचान है,

समानता का अधिकार है, नहीं होता यहाँ तिरस्कार,
ऐसा शक्तिशाली हमारे महान भारत का संविधान है,

अद्भुत आकर्षण से खनकती अनगिनत संस्कृतियाँ,
अलग-अलग पोशाक यहाँ अलग-अलग है बोलियाँ,

सम्मान, स्नेह, त्याग और आत्मीयता का रंग चंहुँ ओर,
माटी की सोंधी-सोंधी खुशबू यहाँ खींचे अपनी ओर,

प्रेम भाईचारे की खुशबू यहाँ हर रिश्ता अनमोल है,
रंग-बिरंगे त्यौहार से सजा हर धर्म का यहाँ मोल है,

हर बंधन उत्सव है हर रिश्ता यहाँ संजोया जाता है,
रिश्तों का ऐसा समर्पण भाव यहीं पर देखा जाता है।

शब्दों के घाव का कोई मरहम नहीं होता

भर जाता तलवार का घाव, शब्दों का नहीं भरता है,
शब्दों से मिले ज़ख्मों का, कहाँ कोई मरहम होता है,
कितनी भी कोशिश करो, बात दिल से निकालने की,
किसी-ना-किसी मोड़ पर वो, उजागर हो ही जाता है।

मुख से निकला शब्द बदल देता है ज़िंदगी की चाल,
शब्दों से जुड़ाव इस जीवन में, शब्दों से ही अलगाव,
शब्द है कोमल पुष्प तो शब्द ही काँटों की चुभन भी,
इसलिए शब्दों का सोच समझकर ही करो इस्तेमाल।

गुजरते वक़्त के साथ शब्दों के घाव बन जाते नासूर,
गाँठ पड़ जाती है रिश्तो में रिश्ते हो जाते खुद से दूर,
सर्प का ज़हर है शब्द तो चंदन सी इसमें है महक भी,
शब्द कभी शोर, कभी ख़ामोश है तो कभी है मजबूर।

शब्दों से बदल जाते हैं रास्ते, बदल जाती है ज़िन्दगी,
शब्द बहक जाए तो घाव बने महक जाए तो औषधि,
शब्दों में मिठास प्रेम घोले कड़वाहट काटने को दौड़े,
नज़र नहीं आते शब्दों के घाव, पर कलेजा ये चीरती।

चाकू, छुरी, खंजर, तलवार, सबसे तेज शब्दों की धार,
लहूलुहान होती है आत्मा जब झेलती शब्दों का वार,
तन पर घाव नहीं दिखता पर मन कर देता है छलनी,
शब्दों का असर इतना कि ज़िन्दगी भी जाती है हार।

शब्दों का गलत अर्थ निकालने वालों की कमी नहीं,

एक बार निकल जाए मुख से मिलती इसे ज़मीं नहीं,

इसलिए तो सदैव सोच समझ कर ही शब्दों से खेलो,

शब्द खामोश कर देती आँखें, बचती उनमें नमी नहीं।

दिपावली रिश्तों की

चादर अंधकार की हो फैली, चहुँ ओर यदि,
रोशन कर ही देगी उसे, दिपावली रिश्तों की,

कितनी भी हो रात काली, पर उजाले से है डरती,
प्रेम दीप जलाकर, दहलीज रोशन होती रिश्तों की,

अपने हैं साथ तो अंधेरों में भी रास्ता निकल आता,
जीवन के हर मोड़ पर ज़रूरत होती हमें अपनों की,

सुख में निभाते हैं साथ, दुःख में समझते हैं जज़्बात,
अपनों के साथ धूप भी ठंडी छाँव लगती, सफ़र की,

हर रिश्ता जो हमारे साथ है, अपने आप में खास है,
बस रिश्तों को समेटने में जरूरत, थोड़ी मिठास की,

हर मुश्किल घड़ी में एक दीवार की तरह होते रिश्ते,
जिससे टकराकर चूर हो जाती, परेशानियाँ जीवन की,

रंग-बिरंगे इन रिश्ता से ही तो रोशन है ये जहाँ हमारा,
कोई रूठा अगर, तो कोशिश न छोड़ो उसे मनाने की,

रिश्ता बनाना आसान है, पर इसे निभाना है मुश्किल,
नोंक-झोंक, थोड़ी तकरार यही खासियत है रिश्तों की,

अपनों का विश्वास और साथ ही, हिम्मत है हौसला है,
अपने उजाला बनके साथ हैं, तो क्या मजाल अँधेरों की,

छोटी-छोटी बातें दिल से न लगाना, रिश्तो को सहेजना,
क्योंकि अपनों का साथ ही तो है, मंजिल खुशियों की।

पिता का सुख है संतान में समाया

पालन, पोषण, प्यार करे पिता, वट वृक्ष समान करे सुरक्षा,
बलिदान बड़े से बड़ा करे पिता, सर्वोपरी सदैव संतान रक्षा,

कभी समझाए कभी सांत्वना दे, फटकार में भी प्यार छुपा,
जीवन सफ़र सुखमय हो संतान का, पूर्ण प्रयास करे पिता,

स्वयं की ना सोचे, जीवनपर्यंत करे बस संतान की चिंता,
हर मुश्किल में ढाल बने, हिम्मत, हौसला है पहचान पिता,

कड़वी बातें कहते कई बार, पर उन बातों का है मोल बड़ा,
कौन तोड़ सके हिम्मत, जिस संतान सर है पिता का पहरा,

पिता शीतल सवेरा, पिता से बचपन खुशियों का खज़ाना,
असंख्य, अनंत त्याग पिता का, है मुश्किल मोल चुकाना,

राजा या रंक हो, हर पिता का सुख तो है संतान में समाया,
भाग्यशाली है संतान वो, हो जिसके सर पर पिता का साया।

मन में बसे हैं राम

मन में राम बसे हैं, धरती के कण-कण में राम बसे हैं,
हर साँस में चेतना में जीवन के हर क्षण में राम बसे हैं।

राम हैं दर्पण सत्य मार्ग का, राम प्रेम हैं राम ही अर्पण,
जीवन भवसागर को पार करे वो जो राम नाम में रमे हैं।

सब पुरुषों में हैं उत्तम राम, हैं मर्यादा पुरुषोत्तम श्रीराम,
बुराई वहाँ अंधकार फैला नहीं सकती जहाँ राम खड़े हैं।

हर युग में जन्मा एक रावण तो राम ने भी अवतार लिया,
राम नाम का जो वरण करे वही तो बुराई से सदा लड़े हैं।

राम बनना आसान नहीं पल-पल मुश्किलों से है सामना,
पिता का वचन निभाने को राम ने भी राज सुख त्यागे हैं।

क्रोध, द्वेष, अहंकार को त्याग कर मन में बसा लो राम को,
राम बसे जिनके मन वो विपदा में भी धीरज बाँधे खड़े हैं।

इस कलयुग में मन के रावण को मिटा सका ना ये समाज,
न जाने समाज में कितने ही रावण सर उठाकर चल रहे हैं।

रावण का पुतला वही जलाए, जिसके भीतर राम समाया,
पर यहाँ तो रावण ही आज, रावण का पुतला जला रहे हैं।

जब ख़त्म होगा मन का रावण हर नारी चलेगी सम्मान से,
तब सर उठा कर कहेंगे, हर तन में, हर मन में राम बसे हैं।

इंसान इंसान से नहीं करे नफ़रत अनैतिकता का हो नाश,
तब कहेंगे राम राज्य है ये जिसके कण कण में राम बसे हैं।

हिम्मत कर तू कदम तो बढ़ा

सफलता ऐसी कोई चीज नहीं है जिसे खरीदा जाए,
सफलता वो जिसकी कहानी संघर्षों से लिखी जाए,
पग-पग काँटे, पथरीली राहें, कितनी ही बाधाओं को,
करना पड़ता है पार तब जाकर सफलता हाथ आए।

पर क्यों रुका हुआ है तू, क्यों बाधाओं से घबराता है,
कदम आगे बढ़ाने से पहले ही क्यों पीछे कर लेता है,
सफलता मिले ना मिले, एक बार तू कोशिश तो कर,
क्यों करने से पहले ही खुद को हारा हुआ मानता है।

हिम्मत कर तू कदम तो बढ़ा, मत सोच मंजिल दूर है,
स्वयं की शक्ति तू पहचान, तुझमें भी जोश भरपूर है,
मुश्किलें भी आयेंगी ज़रूर राह ना होगी तेरी आसान,
बस तू उम्मीद ना छोड़ना सामने सफलता का नूर है।

तू भी लड़ सकता है तूफ़ानों से, खुद पर तू कर विश्वास,
कर्म है मूल मंत्र सफलता का तू छोड़ ना उसका साथ,
बदलती हैं किस्मत की लकीरें भी गर दिल में है जुनून,
मिले असफलता तो क्या हुआ तू बार-बार कर प्रयास।

डर जाएगा गर तू लहरों से ही, कश्ती कौन चलाएगा,
हौसले की पतवार है तो तू तूफ़ान से भी लड़ जाएगा,
ठान ले तू दृढ़ निश्चय कर मत रुक तू बढ़ता जा आगे,
कोशिश अगर तेरी सच्ची है हर ख़्वाब तेरा पूरा होगा।

सफलता एक दिन ज़रूर मिलेगी गर दम तेरे इरादों में,
बस तू कदम तो आगे बढ़ा मंजिल होगी तेरे कदमों में,
लड़खड़ाएगा तू आगे बढ़ने से रोकेंगी तुझको मुश्किलें,
दुनिया भटकाएगी भी पर तू ध्यान ना देना इन बातों में।

आजमाएगी ये ज़िन्दगी भी तुझे बार-बार इम्तिहानों से,
पर तुझे भी काबिलियत दिखाकर लड़ना है तूफ़ानों से,
आजमाया भी तो वही जाता जिसमें होती है कुछ बात,
मुश्किलें भी हार मान जाती हैं कामयाबी के दीवानों से।

जो हर चुनौती को सहज स्वीकार करता आगे बढ़कर,
थकता नहीं, हारता नहीं वो, झंझावातों से भी लड़कर,
सफलता उसी के किस्मत की लकीरों में जगमगाती है,
जो अपने रास्ते खुद बनाना जाने, चट्टानों को काटकर।

ए ज़िंदगी फिर भी तुझसे प्यार है।

ए ज़िन्दगी कहते हैं, बड़ी ही अजीब तेरी दास्तान है,
जीता तुझे वही जी भर जिसके होठों पर मुस्कान है,
अनमोल है तू बड़ी मिलती है सबको, बस एक बार,
जो तेरी अहमियत नहीं समझता, वो बड़ा नादान है।

भटका देती है कभी तू मार्ग से, ठोकरें देती हजार है,
फिर सही राह तू ही दिखाती, इतना तुझ पर ऐतबार है,
उलझा देती हर मोड़ पर, किसी-न-किसी उलझन में,
तू कुछ भी कर ले ए ज़िंदगी, फिर भी तुझसे प्यार है।

कभी दुःख देती इतना, जीवन हो जाता जार-जार है,
कभी तू हमें बिखेरने को, तूफ़ानों को करती तैयार है,
हर मोड़ पर, जाने कितने रूप, कितने रंग बदलती तू,
समझ ना आए तू ए ज़िन्दगी, फिर भी तुझसे प्यार है।

कभी प्यार से गले लगाती, कभी पड़ती तेरी मार है,
कभी रुई-सी लगती कोमल तू, तो कभी तेज़ धार है,
कितनी वेदनाएं, कितने ही ज़ख्म, तुझमें हैं समाहित,
जीना पड़ता इनमें ए ज़िंदगी, फिर भी तुझसे प्यार है।

न चाहते हुए भी कभी-कभी, नफ़रत बनता आधार है,
टेढ़े-मेढ़े अजनबी राहों पर आँखों में पलता इंतजार है,
कभी बाढ़ में बहाती, कभी कड़ाके की ठंड से सताती,
कितना भी रुला ले ऐ ज़िंदगी, फिर भी तुझसे प्यार है।

कभी वक़्त से करके सांठ-गाँठ, ज़ख्म देती सौ बार है,
तो कभी कामयाब होने के, तू मौके भी देती हज़ार है,
तेरी चिलचिलाती हुई धूप, कभी हिम्मत भी देती तोड़,
कितना भी सता तू ऐ ज़िंदगी, फिर भी तुझसे प्यार है।

कभी दिल से बंधे रिश्तो के भी, तू तोड़ देती, तार है,
तेरे पैदा किए हुए हालातों से करना पड़ता इकरार है,
चुनौतियां तेरी ऐसी ऐसी, जो आँखों में आँसू ले आए,
तेरी हर तपन सहते ए ज़िंदगी फिर भी तुझसे प्यार है।

कभी बेगुनाह को भी, बना कर रख देती गुनहगार है,
कितनी बार भूखे पेट सुलाया है, दर्द दिया बेशुमार है,
हर एक को सहना ही पड़ता है, तेरे दिए ग़म को यहाँ,
जंग है तू हर लम्हा ए ज़िंदगी, फिर भी तुझसे प्यार है।

पल में आशा की रोशनी, पल में दिखाती अंधकार है,
जब जब यकीन हुआ तुझ पर, तू धोखे देती हजार है,
जवाब माँगो तुझसे कभी, तो बस करती है सवाल तू,
कहते तुझे बेवफा ए ज़िन्दगी, फिर भी तुझसे प्यार है।

जब-जब भी, जीने के लिए, खुद को किया तैयार है,
बदल कर तूने परिस्थितियों को हर बार किया वार है,
बनती तू कभी-कभी ऐसी पहेली, सुलझाए न सुलझे,
इतनी अकड़ तुझमें ए ज़िंदगी फिर भी तुझसे प्यार है।

खुद से एक मुलाकात की जाए

बहुत दिन हो गए, ख़ामोशी में, खुद के साथ वक़्त बिताए,
ए दिल चलो आज कहीं उलझनों से थोड़ा दूर जाया जाए,

जाने कितने दिन बीत गए, खुद को जाना नहीं, सुना नहीं,
तो चलो आज खुद से खुद की, एक मुलाकात ही हो जाए,

दुनिया की हलचल न हो जहाँ कोई, ख़ामोशी में कुछ पल,
अपने अंतर्मन को टटोलकर, खुद की ही तलाश की जाए,

ज़िन्दगी की पटरी पर ख्वाहिशों की गठरी लिए दौड़ रहा हूँ,
चलो ख्वाहिशें उतार, खुद के लिए भी कुछ पल चुना जाए,

अपनी पहचान बना सकूँ, सोचने का था कभी वक़्त कहाँ,
आज दिल में दफ़न उन ख़्वाबों को, थोड़ी उड़ान दी जाए,

ना जाने कितना कुछ छूटा पीछे, कभी मुड़कर कहाँ देखा,
कुछ वक़्त निकालकर चलो, उन पलों की तलाश की जाए,

बहुत सुनी दुनिया की, बहुत थाम चुका मैं, औरों का हाथ,
अब खुद के साथ ही एक नए सफ़र की शुरुआत की जाए,

एक ऐसा सफ़र जिसमें मेरी पहचान, मेरा स्पष्ट वज़ूद हो,
मन को नई दिशा दिखाए जो, रोशनी की तलाश की जाए,

मैं ज़िन्दगी से भटका राहगीर, खुद के अंदर समाता गया,
आज जिंदगी को गले लगाकर, हर लम्हा गुनगुनाया जाए,

कितने मोड़ गुज़रे ज़िन्दगी के, आज एक मोड़ पर रुककर,

वक़्त के तहख़ाने में बंद, हर लम्हा जी भरकर जिया जाए,

थक चुका हूँ अजनबी राहों पर, साँसों को गिनती-गिनते,

अब तक बस कट रही थी ज़िंदगी अब थोड़ा जिया जाए।

ए दोस्त नहीं भुला सकता तुझे

ज़िन्दगी के इस सफर में, कुछ लोग ऐसे मिल जाते हैं,
अपनों से भी बढ़कर वो, कुछ अपने से लगने लगते हैं

मन से ही जुड़ जाते हैं शायद, भावनाओं के कुछ तार,
इसी तार से तो दिल दोस्ती का बंधन करता है स्वीकार,

हम तुम भी तो कुछ ऐसे ही मिले, अजनबी एक दूजे से,
दोस्ती का जुड़ा ऐसा बंधन, प्यारा हो गया हर रिश्ते से,

हो गए हम दूर ज़रूर, जीवन के सफ़र में चलते-चलते,
आज भी जुबां थकी नहीं, दोस्ती की बातें करते-करते,

ए दोस्त नहीं भूला सकता तुझे, और न ही तेरी दोस्ती,
याद है आज भी वो लम्हा, कितनी करते थे हम मस्ती,

मेरी ज़िंदगी के हर लम्हें में तुम शामिल हो ए दोस्त मेरे,
तुम्हारा जिक्र आ जाता है ऐसे मानो जैसे करीब हो मेरे,

दिल के कोने में रहती है सदा हमारी दोस्ती की तस्वीर,
नसीब भी मिटा नहीं सकती है, दोस्ती वाली वो लकीर,

कोशिश तो रहती वक़्त निकाल सकूँ तुमसे मिलने का,
पर ज़िंदगी भी कोई मौका नहीं छोड़ती है उलझाने का,

ए दोस्त कभी वक़्त मिले तो, तुम भी आ जाना मिलने,
बहुत दिन हुए चलेंगे फिर वही नुक्कर वाली चाय पीने,

मिल बैठेंगे दो यार हम, ज़िंदगी की इस ढलती शाम में,
सजाएंगे महफ़िल, बिताएंगे हर लम्हा दोस्ती के जाम में।

पैसा ही हो गया है भगवान

दुनिया में इंसान के लिए पैसा आज इतना बड़ा हो गया,
कि हर रिश्ता दिल से निकल कर कोने में खड़ा हो गया,

पैसा ही जात, पैसा ही धर्म, पैसा ही हो गया है भगवान,
पैसों में तोला जा रहा है हर रिश्ता पैसों में ही हर इंसान,

दौलत यहाँ है जिसके पास, वही अपना बाकी अनजान,
दौलत के लिए ही यहाँ इंसानियत भूलता जा रहा इंसान,

भाई भाई से लड़ता यहाँ, माता-पिता को भी भूल जाता,
अपने भी दुश्मन नज़र आते जब दौलत का नशा चढ़ता,

दौलत की अंधाधुंध दौड़ में, कहाँ से कहाँ निकल जाता,
समझ नहीं पाता इंसान, कब वो अपनों से दूर हो जाता,

माना ज़रूरी है पैसा सबके लिए, ज़िन्दगी जीने के लिए,
पर पैसा सुकून नहीं खरीद सकता ज़िंदगी जीने के लिए,

पैसे के लिए कितनी ही घटनाओं को दिया जाता अंजाम,
नित दिन खबरें पढ़ते हैं हम कैसे-कैसे इसके हैं परिणाम,

इंसान को अंधा बना देती है ऐसी होती इस पैसे की माया,
तन्हा रह जाता है वो जो केवल पैसों के संसार में समाया,

रिश्ता दूर हो तो चिंता नहीं, पैसों को तिजोरी में रखता है,
इंसान अपनों से दूर होकर पैसों में सदा खुशियाँ ढूंढता है,

हाय पैसा, हाय पैसा रात दिन बस यही रटता जाता जाप,
भावना रहित कर रहा है इंसान को ये पैसे का बढ़ता ताप।

जब तक चलेगा यह सफ़र

तय है मुश्किलों का आना, ये तो हमारे जीवन का हिस्सा है,
सुख-दुःख में है जीना यही जीवन के उपवन का किस्सा है।

ज़रूरी तो नहीं, जीवन का ये सफ़र सुहाना ही हो हर पल,
आज खुशियों का बसंत तो पतझड़ भी हो सकता है कल।

ग़म के बादल जब छटेंगे, तो खुशियों की बारिश भी होगी,
ज़िंदगी का सफ़र है, थोड़ी मर्जी थोड़ी गुज़ारिश भी होगी।

चलना है इन सब के साथ हमें, जब तक चलेगा यह सफ़र,
खुद को अंधेरों में न कैद करना कभी मुश्किलों से हारकर।

भटक जाते हैं रास्ते अक्सर, जो रहते हैं अँधेरों से डरकर,
उजाला मिलता है ज़रूर देखना उम्मीदों के दीए जलाकर।

मुश्किलें यूँ ही हल नहीं होती यहाँ, संघर्ष करना पड़ता है,
नाउम्मीदी के बुझे हुए चिरागों को, फिर जलाना पड़ता है।

आसान होगी गर ज़िंदगी की राहें तो मज़ा कहाँ है जीने में,
दुःख है यहाँ तभी तो आनंद आता, सुख का जाम पीने में।

पाँव तुम्हारे रोकने वाले, बहुत मिलेंगे जीवन के सफ़र में,
कोशिश करेंगे हराने की, पर चलते रहना अपनी डगर में।

हौसला, हिम्मत है गर दिल में फिर तूफ़ानों से क्या डरना,
मन में है उजाला तो आसान है राहों को भी रोशन करना।

मुश्किलें हैं तभी तो हमें हमारी शक्तियों का आभास होता,
इन सबसे ही तो खुद को निखारने का अवसर भी मिलता।

अंधेरा रोज़ निगलता सूरज को वो कभी हिम्मत ना खोता,
विश्वास है तभी तो हर सुबह अपनी जीत का जश्न मनाता।

मुश्किलों से क्या डरना, वक़्त के साथ सब गुज़र जाता है,
जो हिम्मत से बढ़े आगे, वो बिखर कर भी निखर जाता है।

ज़िंदगी को जीना ज़रूरी है सफ़र तो हर कोई पूरा करता है,
खट्टे-मीठे नए अनुभवों में जीना ही तो ज़िंदगी कहलाता है।

जैसे एक पौधे को धूप-छाँव दोनों की जरूरत बढ़ने के लिए,
वैसे ही सुख दुःख दोनों ज़रूरी है ये ज़िन्दगी जीने के लिए।

आगे बढ़ने के लिए तो करना ही पड़ता है मुश्किलों का पार,
इसलिए सफ़र के इम्तिहानों को सहज करते चलो स्वीकार।

अजनबी था वो

आँखों में आँसू क्यों? क्यों खुद को कमज़ोर समझते हो,
जो साथ ही न चला तुम्हारे, उसे क्यों हमसफ़र कहते हो,

अजनबी दुनिया में, समझ लो अजनबी चेहरा था वो भी,
जो तुम्हारा ही नहीं, उसे क्यों अपनी ज़िंदगी समझते हो।

जो वास्तव में दिल से जुड़े होते, वो छोड़ कर नहीं जाते,
तन्हाई का क़फ़स दे गया जो, उसे तुम किस्मत कहते हो।

यूँ ख़ामोशी को बनाकर किस्मत अपनी क्या ही मिलेगा,
किसी की बेवफ़ाई की आग में, खुद को क्यों जलाते हो,

जो आकर चला गया समझो वो तो कभी आया ही नहीं,
वो तो छलावा था उससे बंधकर खुद को क्यों रुलाते हो।

मतलब परस्त इस दुनिया में, कौन समझेगा दर्द तुम्हारा,
आख़िर किसके लिए तुम, यादों की महफ़िल सजाते हो।

उम्र भर साथ निभाने का वादा कर मझधार में छोड़ गया,
और उसके इस फरेब को तुम, सच्ची मोहब्बत कहते हो।

पलट कर ना देखा एक बार उसने, अजनबियों की तरह,
चला गया जो क़त्ल कर मोहब्बत का उसे वफ़ा कहते हो।

तुम्हारी वफ़ा की, जज्बातों की कहाँ कीमत समझी उसने,
तुम्हारा ऐतबार गलत ठहरा गया जो उसे दिल में रखते हो।

क्यों खुद को दें ऐसी सज़ा, ज़िन्दगी की जिसमें नहीं रज़ा,
जो सुनना नहीं चाहता तुम्हें उसे क्यों पुकाराना चाहते हो।

मोहब्बत गर उसकी सच्ची होती, तो दिल का दर्द न देता,
फिर दर्द देने वाले से ही क्यों, मरहम की चाहत रखते हो।

अजनबी था वो तुम्हारे लिए, अजनबी बन कर चला गया,
जो लौटकर ही नहीं आएगा क्यों उसका इंतजार करते हो।

निकालो खुद को इस भंवर से ज़िंदगी बाहें फैलाए है खड़ी,
भुलाकर सब कुछ ज़िन्दगी को क्यों नहीं तुम गले लगाते हो।

माना कि इस दर्द को भुला देना, नहीं होगा इतना आसान,
पर ज़िंदगी जो कह रही है खुद को मौका क्यों नहीं देते हो।

उठो अभी ख़त्म नहीं हुआ है सफ़र, चलना तो होगा तुम्हें,
क्यों रूके हो किसी अजनबी के लिए क्यों आँसू बहाते हो।

ऐसे होते हैं बच्चे

करतें हैं खूब शरारतें पर मन के होते सच्चे,
मासूम चेहरा प्यारी मुस्कान ऐसे होते बच्चे,

अटपटी बातें हैं इनकी अटपटे होते सवाल,
जो ना मानो इनकी बातें, कर देते हैं बवाल,

बच्चे ना जाने, अमीर गरीब, ना धर्म, जाति,
होठों पर होती मुस्कान दिल में प्रेम की पाती,

दो ऊँगली जोड़ कर हो जाती इनकी दोस्ती,
माथे पर कोई सिकन नहीं बस रहती मस्ती,

दोस्तों संग खेलने को, अजब बनाते बहाने,
बातें जलेबी-सी, ऐसे अंदाज के क्या कहने,

दुनिया की उलझन से दूर, है इनकी दुनिया,
कल्पना में ही बना लेते हैं ये खूबसूरत जहाँ,

नन्हीं-सी होते जान ये बातें करते बड़ी-बड़ी,
मस्ती का ढूंढे बहाना ये जाने न समय घड़ी,

सबको मोहित करे, इनकी मासूम मुस्कान,
कब करेंगे क्या शैतानी, कोई ना पाए जान,

हँसते-हँसते अचानक, पल में ही रो देते हैं,
मासूमियत से दिल की हर बात कह देते हैं,

गुस्सा केवल वाणी में, मन होता है निश्चल,
पल में यहाँ पल में वहाँ, होते इतने चंचल,

अपनी शरारतें खुद बताते, इतने होते सच्चे,
सपनों की दुनिया में जीते ऐसे होते हैं बच्चे।

ये ज़िन्दगी एक कहानी है

ये ज़िन्दगी एक कहानी है मानों तो कोई किताब पुरानी है,
हर रोज पढ़ता हूँ फिर भी समझ ना आती ये जिंदगानी है,

इसके आखिरी पन्ने पर पहुँचने की कोशिश की कई बार,
पर हर बार उलझाकर रख देती ये ज़िंदगी बड़ी सयानी है,

कभी उलझा देती इम्तिहानो में, तो कभी परिस्थितियों में,
सब कुछ जान कर भी न जाने क्यों बनती ये अनजानी है,

बढ़ने नहीं देती है आगे, हर पन्ना पढ़ने को करती मजबूर,
आखिर ज़िंदगी के आगे, कहाँ चले किसी की मनमानी है,

पर मौका सभी को देती है, इतनी भी निष्ठुर नहीं ज़िन्दगी,
जो इसे प्यार से गले लगाए, ये बनती उसी की दीवानी है,

हर पन्ना ज़रूरी है ज़िन्दगी का, तभी तो ये समझ आएगी,
पर न जाने इंसान जिंदगी से रूठकर, क्यों करे नादानी है।

जीवन का अलंकरण

सत्कर्म, संस्कार और आदर्श ही जीवन का अलंकरण,
अंत समय सब रह जाएगा यहीं साथ जाएगा आचरण,
नश्वर यह तन मिट्टी का एक दिन मिट्टी में मिल जाना है,
दो पल ज़िन्दगी ये नफ़रत छोड़ प्रेम का करो अनुसरण।

क्योंकि प्रेम वो रास्ता है जो ईश्वर से जोड़े रखे हर क्षण,
किसी के प्रति द्वेष भावना रखने से विचलित होता मन,
धन-दौलत, ऐशो-आराम इनसे ना मिले वास्तविक सुख,
इसी मोह-माया में फँस कर रह जाता हमारा पूरा जीवन।

इसी माया के लिए तो नफ़रत करता है इंसान से इंसान,
सत्कर्म, संस्कार भूलकर नफ़रत में बन जाता वो हैवान,
जो हम देते संसार को वही लौटकर हमारे पास आता है,
नफ़रत से केवल मान खोता अंत तक मिले नहीं सम्मान।

रिश्ते भी वहीं पनपते हैं जहाँ प्रेम की होती मीठी ज़ुबान,
किसी को नीचा दिखाकर कोई कैसे हो सकता है महान,
पल-पल दुख की खाई में गिरता जाए बुरे कर्म जो करता,
जीवन भर रहता दुखी वो जो इस सच्चाई से रहे अनजान।

पलाश के फूल

पतझड़ में झड़ गए पत्ते सारे सूखी शाख पर लगी है आग,
डाल-डाल से उठी रही लपटें, देखो खिल गए फूल पलाश।

जैसे सच्चे दो प्रेमियों की प्रेम कहानी, छुपाए नहीं छुपती,
वैसे ही चहुँ ओर गगन में और धरा पर दिखते फूल पलाश।

दीपक की ज्योति सम बनावट इसकी रंग केसरिया लाल,
खिले फाल्गुन मास पूर्णिमा, औषधीय गुण इसमें कमाल।

कोई ढाक, कोई कांकेड़ी, कोई टेसू, कोई कहे फूल पलाश,
प्राचीन वेदों में भी वर्णित है, इसकी महिमा बड़ी है खास।

खिल उठती है जब यह, प्रकृति की अनूठी रचना बनकर,
मन मोहित कर देती, फिजाओं में रंग अनोखा बिखेरकर।

अद्भुत सौंदर्य समाहित इसमें, प्रकृति का यह दिव्य श्रृंगार,
बिखर जाती धरा पर ऐसे जैसे वसुंधरा के हो गले का हार।

केसरिया लाल है प्रधान रंग श्वेत पितांबर भी इसकी जात,
पलाश वृक्ष से ही तो प्रचलित मुहावरा, ढाक के तीन पात।

बसंत ऋतु की शोभा फूल पलाश खिले अंत फरवरी मास,
रंग प्राकृतिक बने इसी से होली उत्सव में जो लाए उजास।

प्राचीन काल से ही इस फूल के रंगों से, खेली जाती होली,
श्री कृष्ण और राधा जी को भी प्रिय पलाश रंगों की होली।

उत्तर प्रदेश और झारखंड राज्य का, राज्य पुष्प कहलाता,
टिकट पर मिला है सम्मान इसे, देशभर में ये जाना जाता।

सफलता की कहानी

सफलता की एक ऐसी कहानी ये, जिसने बदला नज़रिया,
केवल सोच बदलकर, सफलता का अद्भुत इतिहास रचाया,
कोई भी बाधा रोक न पाएगी आप के बढ़ते हुए कदमों को,
गर आपने हिम्मत न हारी और खुद को खास समझ लिया।

भोला-भाला सा एक लड़का रहता था एक छोटे से गाँव में,
गरीबी और आर्थिक तंगी की बेड़ियाँ, बंधी जिसके पाँव में,
पिता का हो गया देहांत माँ औरों के घरे में करती थी काज,
ऐसे ही चल रही थी ज़िन्दगी उनकी जीवन की धूप छाँव में।

माँ जो कुछ भी कमाकर लाती, उसी से चलता था गुज़ारा,
दुनिया की इस भीड़ में माँ बेटा ही थे एक दूसरे का सहारा,
गाँव के एक छोटे से स्कूल में, पढ़ता था वो बालक मासूम,
चुपचाप रहता था हर दम, चिंतित-सा लगता उसका चेहरा।

क्यों रहता था ऐसा किसी शिक्षक को जब समझ न आया,
तब स्कूल की शिक्षिका ने, एक पत्र उसके हाथों में थमाया,
कहा, इस पत्र को, जाकर अपनी माँ को तुम दे देना ज़रूर,
खोला भी नहीं पत्र लेकर हाथों में दौड़ा-दौड़ा वो घर आया।

खोलकर देखा पत्र माँ ने जब, पढ़ते ही लगी वो मुस्कुराने,
अचंभित होकर बेटे ने कहा, माँ बोलो क्या लिखा है इसमें,
माँ ने कहा, इसमें लिखा है आपका बेटा है, बड़ा होशियार,
और स्कूल में ऐसे शिक्षक नहीं जो सक्षम हो इसे पढ़ाने में।

इसलिए इसे दाखिल करवाओ आप, किसी और स्कूल में,
माँ ने कहा होशियार बेटा मेरा कुछ तो बात है इस फूल में,
बेटे ने सुनी माँ की बात तो उत्साह से मन उसका भर गया,
मन-ही-मन सोचने लगा वो, कुछ तो खास है ज़रूर मुझमें।

फिर अगले ही दिन माँ ने दूसरे स्कूल में दाखिला करवाया,
अपने बेटे के लिए, सफ़लता का एक नवीन रास्ता बनाया,
मेहनत की तब बेटे ने भी और खूब मन लगाकर की पढ़ाई,
वह लड़का था आइंस्टाइन, जो महान वैज्ञानिक कहलाया।

बूढ़ी हो चुकी थी माँ, अचानक एक दिन स्वर्ग सिधार गई,
किंतु आर्थिक तंगी में भी बेटे को अच्छी ज़िंदगी वो दे गई,
आइंस्टाइन माँ को याद कर, उनका सामान निहारने लगा,
सामानों में पत्र देख, उसे वो पुरानी बात उसे याद आ गई।

खोलकर देखा, आश्चर्यचकित हुआ एक एक शब्द पढ़कर,
क्या लिखा था उस पत्र में, हैरानी होगी आपको जान कर,
पत्र में लिखा था, हमें यह बताते हुए, हो रहा है बहुत दुःख,
पढ़ाई में कमज़ोर आपका बेटा, कहता नहीं कुछ खुलकर।

इसकी उम्र के साथ नहीं हो रहा, इसकी बुद्धि का विकास,
स्कूल से निकाल रहे हैं इसको रख नहीं सकते अपने पास,
करवा दीजिए इसका दाखिला आप, किसी और स्कूल में,
पढ़कर पत्र आइंस्टाइन को हुआ उस मुस्कान का एहसास।

वो मुस्कान जो पत्र पढ़ते समय उसकी माँ के होंठों पर थी,
पत्र की एक-एक बात झूठ होकर भी वो माँ झूठी नहीं थी,
बस शब्दों की हेरा-फेरी थी ज़िंदगी बदल दो या बिगाड़ दो,
पत्र को इस प्रकार पढ़कर माँ ने बेटे की सोच बदल दी थी।

आइंस्टाइन वही लड़का था, जिसे स्कूल से निकाला गया,
जिसे उसकी सोच ने, कि वो कितना खास है, बदल दिया,
दुनिया चाहे कुछ कहे मायने रखता है, हम क्या सोचते हैं,
स्वयं के बारे में, और आइंस्टाइन ने भी तो, यही था किया।

किसी ने सोचा भी न होगा ये लड़का बुलंदियों को छुएगा,
कमज़ोर दिमाग जिसे कहा गया, वो जीनियस हो जाएगा,
स्वयं के बारे में, सदैव सकारात्मक सोच रखना है जरूरी,
यही सोच आपकी सफलता में, मुख्य भूमिका निभाएगा।

शादी न करना - हास्य कविता

ये केवल एक हास्य कविता है कृपया बुरा न मानना,
शादी जीवन भर का झमेला, ये शादी तुम ना करना,

पत्नी से पीड़ित एक मासूम पति की, है यह कहानी,
मैं बेचारा हूँ शांत सरोवर और मेरी धर्मपत्नी सुनामी,

कुछ बोलूँ तो दिक्कत गर न बोलूँ उसमें भी दिक्कत,
ज़ुबान भी मेरी घबरा जाती आखिर कैसी ये आफ़त,

एक दिन तो हद हो गई, खुद से मैं कर रहा था बातें,
कर दिया बुरा हाल मेरा, शब्दों से मारकर लात घुसे,

इतने से भी न मानी, बोली जो बुदबुदा रहे थे बोलो,
अब मैं बेचारा क्या करता करता गया उसको फॉलो,

आसमान से गिरे खजूर में अटके मुहावरा कमाल है,
मुझ जैसे पतियों के लिए, जिसका हुआ बुरा हाल है,

करनी है गुलामी जिसको वो बाँध लो सर पर सेहरा,
पर निभानी है तुमको शादी तो हो जाना गूंगा बहरा,

पत्नी का कहा सब सत्य वचन, पति बोले तो झूठा,
बेलन दिखाकर डराती ऐसे अब पीटा कि तब पीटा,

गढ़ फतह करना है पत्नी जी की तारीफ़ करना भी,
अंगारे सिर पर जो रखना चाहे, कर लेना शादी जी,

सत्ता घर में पत्नी की चलेगी गाँठ बाँध लेना ये बात,
अक्ल के घोड़े मत दौड़ाओ, कुछ नहीं तुम्हारे हाथ,

भूलकर भी उसके मायके वालों की करना न बुराई,
एक से बढ़कर एक स्वादिष्ट तानों से होती है कुटाई,

इतने रंग तो जीवन के नहीं, जितना पत्नी दिखाती,
मुझको वाद्य यंत्र समझकर, तबले की तरह बजाती,

हँसता हूँ तो शक करती, चुपचाप रहूँ तो भी करती,
जाती है जब मायके वो, पाँचों उँगलियाँ घी में होती,

खुशी से नाचते हुए गया था लेकर बैंडबाजा बारात,
किसे पता, मुस्कुराहट से थी वो, आख़िरी मुलाकात,

रोंगटे खड़े हो जाते हैं, सुनकर पत्नी जी का प्रवचन,
संसार के सारे ज्ञानी भी फेल, करते हैं इनको नमन,

दाल नहीं गलेगी इनके सामने, बेकार सभी प्रयास,
अरे ये तो एक हास्य कविता है क्यों होते हो उदास,

ये बस हँसी मज़ाक, पति-पत्नी का रिश्ता निराला,
विवाह है पवित्र बंधन एक रिश्ता नोंक-झोंक वाला,

जीवन रूपी गाड़ी के पहिए दोनों, चलते एक साथ,
एक-दूजे के बिना अधूरे ये, अधूरी जीवन की बात।

फूलों से कोमल बच्चे

गोलू-मोलू से ये छोटे-छोटे बच्चे, लगते हैं बड़े ही प्यारे,
मम्मी-पापा, दादा-दादी, भाई-बहन, सबके होते दुलारे,

तन के सुंदर, मन के सुंदर जैसे मीठी-सी है कोई गोली,
मन को मोहने वाले ये, लगे प्यारी तुतलाहट भरी बोली,

मुस्कुराहट इनकी इतनी प्यारी, रोते हुए को भी हँसा दे,
मासूम चेहरा मनमोहक इतना मोह के जाल में फँसा दे,

हिल मिल जाते सबसे ऐसे, पूरा संसार हो जैसे अपना,
पराया कोई न इनके लिए इन बच्चों का है क्या कहना,

माता-पिता कि आँखों के तारे ये, देते उनको जीवनदान,
बड़े-से-बड़ा गम भुलाती इनकी एक प्यारी-सी मुस्कान,

देख लाड लड़ाए दादी, दादा देते अपनी मूछों पर तान,
घंटों निहारते गोद में लेकर, होकर दुनिया से अनजान,

कितनी भी उदासी जीवन में या हो जाए कोई अनबन,
सुनकर इनकी मीठी-सी बोली दूर हो जाए हर उलझन,

बच्चों की चहल-पहल से, खिला-खिला लगता उपवन,
नन्हे-नन्हे कदमों के आगमन से महकता है घर आँगन,

सपने संजोते आँखों में, इनसे है जीवन की खुशहाली,
सबके होठों की मुस्कान बच्चे, हैं इनकी बातें निराली,

ईश्वर का ये नायाब तोहफ़ा बदलती इनसे जीवनधारा,
बच्चों के इर्द-गिर्द ही सिमट जाता, पूरा संसार हमारा,

फूलों-सा कोमल मन इनका होते तितली से ये चंचल,
पिता को मिले गर्व इनसे, माता को ममता का अंचल,

सबका ध्यान खींचे इनकी अजब गजब अठखेलियाँ,
मन को असीम सुख देती है इनकी निश्चल शैतानियाँ,

सुख-दुःख का इन्हें भान कहाँ सब इनके लिए समान,
काँटों को भी छूने की कोशिश करे इतने होते नादान,

कब सोते हैं, कब जाग जाते ये, कोई समझ न पाता,
अपनी मर्जी के मालिक ये सब इनकी मर्जी से होता,

कभी मन हो तो रात भर जाग ये, कभी चैन से सोए,
कभी करते, शरारतें ऐसी कि सब इनमें ही खो जाए,

बच्चों से होती दुनिया रंगीन, एक घर घर बन जाता,
गूँजे जहाँ बच्चों की किलकारी वहाँ स्वर ईश्वर होता।

जादू माँ की ममता का

खुद को भुला कर वो, हमारी आँखों के सपने संजोती,
छाया बन सदैव रहती साथ, जीवन की धूप से बचाती,
जाने कितनी ही रातें जगती, हमें मीठी नींद सुलाने को,
ऐसा जादू है माँ की ममता में, हर उलझन सुलझा देती।

माँ की ममता की छाँव में जीवन का सुख मिले अपार,
दुनिया की हर दौलत से कीमती है माँ का निश्चल प्यार,
कुछ ना भी कहो तो भी दिल की हर बात समझ जाती,
ममता रूपी जादू की छड़ी लिए हर पल रहती है तैयार।

माँ की ममता ढाल बन कर, हर मुश्किल से है बचाती,
चाहे कैसी भी हो उलझन, पल भर में वो सुलझा देती,
पढ़ लेती चेहरा झट पट, देख लेती है पेट की भूख भी,
कितने की करो अटपटे सवाल, परेशान कभी न होती।

तू ममता का सागर है माँ, तुझ पर जितना लिखूँ कम है,
जब भी होता कोई दर्द मुझे आँखें तेरी ही होती नम है,
समस्त ब्रह्मांड का सुख समाया है, तेरे इस आँचल में,
तेरा हाथ रहे जो हर पल सर पर, तो हर रास्ता सुगम है।

देखा है तुझको इन आँखों में आँसुओं को समेटते हुए,
पर तू जताती नहीं, दिखती है सदैव ही, मुस्कुराते हुए,
खुद सोयी माँ काँटों पर, मुझे दिया फूलों का बिछौना,
कभी उफ्फ तक नहीं किया तूने इतना कुछ सहते हुए।

तेरी ममता की शीतल छाया तले, मैं पला, बड़ा हुआ,

तेरी ऊँगली पकड़कर चला मैं, तब पैरों पर खड़ा हुआ,

कभी दोस्त, कभी गुरु बनकर सही मार्ग तूने दिखाया,

तू सुख की वो चादर है माँ, जो ममता से है जुड़ा हुआ।

खुशियों की, धूप है तू माँ, ममता का निश्छल रूप है,

हर दर्द की दवा है तू माँ, ईश्वर का साक्षात स्वरूप है,

निर्मल बहती सरिता तू, है सागर से गहरी तेरी ममता,

तेरे लिए, जितना भी लिखूँ कम है, तू इतनी अनूप है।

तुझसे ही मिला मेरी माँ, मेरे इस जीवन को आकार,

तू सुख की छाया माँ, तू ही तो इन साँसों का आधार,

मेरी हर तकलीफ़ में, बेचैन तेरी आँखों को देखा मैंने,

खुद को भुलाकर तूने, मेरा हर सपना किया साकार।

रात-रात भर, जाग कर भी, कैसे तू मुस्कुराती है माँ,

इतनी ताकत, इतनी सहनशक्ति बस तुझ में ही है माँ,

तू बन जाती है, ढाल कभी, कभी गुरु तो कभी दोस्त,

हर रूप है तेरा ममतामयी, हर रूप तेरा अनोखा है माँ।

तेरे प्यार तेरे बलिदान का, कभी कर्ज़ चुका न पाऊँगा,

तेरा हाथ रहे सर पर, ईश्वर से यही फरियाद मैं करूँगा,

तेरा दिया, सात जन्म में भी, लौटा नहीं सकता हूँ माँ,

पर इतना वादा तेरे आँसुओं की कभी वजह न बनूँगा।

जब दोस्त साथ थे

दोस्तों के संग बीते हुए, वो सुनहरे लम्हें, बड़े ही खास थे,
अनगिनत रंगों से भरी वो दुनिया थी, जब दोस्त साथ थे,

खेल-खेल में कल्पनाओं में, बना लेते थे अपना आशियाँ,
तितलियों-सा चंचल मन, कुछ अलग ही था, हमारा जहाँ,

शरारतें करते थे, एक-दूजे को तंग भी करते थे बहुत हम,
दोस्तों से मिलने के लिए, कैसे-कैसे बहाने बनाते थे हम,

एहसास ही न हुआ दोस्ती के साए में, कब बचपन बीता,
ग़म में भी खुशियाँ ढूंढ लेना, दोस्तों से ही तो, था सीखा,

हँसा-हँसाकर करते लोटपोट, बहते आँसुओं को रोक देते,
देखकर दोस्ती का ये आलम उलझनें भी रास्ता बदल लेते,

बिछड़ गए एक-एक कर सभी दोस्त कारवां रुक सा गया,
जिम्मेदारियों में ऐसे फँसे दोस्ती का रंग कहीं छुप-सा गया,

आज जाकर बरसों बाद, मिले हैं जब, फुर्सत के कुछ पल,
दिल के कोने से आई आवाज़, दोस्तों की महफ़िल में चल,

पाँव हैं बढ़ने को बेताब फिर वही बज़्म ए यारा सजाने को,
नुक्कड़ वाली चाय पर ज़िंदगी के फिर वही लम्हे जीने को,

यादों में केवल कुछ पन्ने ही नहीं दोस्ती के, पूरी किताब है,
कौन-सा लम्हा सबसे खूबसूरत लगाना मुश्किल हिसाब है,

दूर है हम एक दूजे से ज़रूर पर दिल के तार जुड़े हैं हमारे,

गुज़र जाती है अक्सर ये ज़िंदगी इन्हीं एहसासों के किनारे,

काश! कि वक़्त ले जाए फिर उसी दोस्ती के आसमां तले,

जहाँ दोस्तों के साथ, मुश्किलों में भी, थे चेहरे हमारे खिले।

कल के कौन ठिकाने हैं

क्यों सोचे आगे क्या होगा अब कल के कौन ठिकाने हैं,
जी लो ज़िंदगी यहाँ हर पल फिर ये पल निकल जाने हैं,

एक पल खुशियों से महकना, दूजे पल ग़म से उलझना,
ज़िंदगानी जी लो ऐसे, जैसे यही पल तो सबसे सुहाने हैं,

ना जाने ये पल, फिर ज़िंदगी में लौट कर आए ना आए,
हर पल एक साँस घटती ज़िंदगी, जीने के यही बहाने हैं,

क्या खोया क्या पाया यहाँ, सोचकर वक्त ना बर्बाद कर,
अंत समय साथ न जाएगा कुछ सब यहीं धरे रह जाने हैं,

रिश्ते-नाते, धन-दौलत सब माया है, कुछ नहीं यहाँ तेरा,
समेट लोग खूबसूरत यादें झोली में यही यादें रह जाने हैं,

चले जाना है सब को एक दिन निभाकर अपना किरदार,
कोई काटता, कोई जीता है जो जिए उसके लिए तराने हैं,

कभी आँसू, कभी शिकायत है, कभी प्यार, कभी नफ़रत,
चुन लो प्यार की डगर, ग़म भी खुशियों में बदल जाने हैं,

जीना न छोड़ो सोचकर कि कल कौन-सा मोड़ आ जाएगा,
खुलकर मुस्कुराओ, आने दो जो फैसले ज़िंदगी के आने हैं।

प्रकृति की रक्षा हमारा कर्तव्य

चहुँ ओर लहराते वृक्ष, खिलखिलाते रंगीन पुष्पों की बहार,

हरियाली चादर ओढ़ प्रकृति, करती धरा का अनुपम श्रृंगार,

प्रकृति है माता स्वरूप, प्रकृति से बंधी हमारी जीवन डोर,

निस्वार्थ इतना कुछ देती है हमें, जिसका नहीं है कोई छोर,

और हम मनुष्य उसी प्रकृति के साथ, कर रहे हैं खिलवाड़,

स्वयं अपने हाथों से अपने विनाश का खोल रहे हैं किवाड़,

कभी सोचा, ऐसा ही होता रहा गर, तो भविष्य कैसा होगा,

हमारी आने वाली पीढ़ियों का जीवन कितना कठिन होगा,

प्राण उसी के ही हर रहे हैं हम, जो है हमारी प्राणदायिनी,

स्वयं के पैरों पर कुल्हाड़ी मारना, कैसी है इसमें बुद्धिमानी,

अपने स्वार्थ पूर्ति हेतु वन के वन, काटते जा रहे हैं निरंतर,

सोचते भी नहीं कितने निरीह प्राणी हो जायेंगे इससे बेघर,

कितनी बार चेताया है प्रकृति ने, संभल जाओ तुम इंसान,

फिर भी मानव वही करतूत दोहरा, खुद को कहता महान,

प्राकृतिक आपदाओं की चपेट में, आता है समस्त संसार,

निर्दोष मूक प्राणियों का भी तो इसमें छिन जाता घर बार,

प्राकृतिक आपदाएं सदा छोड़ जाती हैं बर्बादी के निशान,

बार-बार भी विपदाएं झेलकर भी संभलता नहीं ये इंसान,

यह दर्द, यह दुःख, यह विनाश, सब कुछ इंसानी करतूत,

आखिर प्रकृति के इस दर्द को इंसान कब करेगा महसूस,

हम अपना पल्ला झाड़ लेते हैं, एक दूसरे को दोष देकर,

प्रकृति है हमारी ही जिम्मेदारी, जिससे जाते हैं हम मुकर,

प्रकृति भी लेती है बदला याद दिलाने की है ज़रूरत नहीं,

भविष्य होगा अन्धकार, जो बदली मानव ने करतूत नहीं,

पाँच जून विश्व पर्यावरण दिवस, हमें यह याद दिलाता है,

प्रकृति का रक्षण हमारा कर्तव्य, भविष्य का यह रास्ता है,

किंतु केवल एक दिन विशेष क्यों प्रतिदिन हमें सोचना है,

हर क्षण प्रकृति संग रहते हम रक्षण भी प्रतिदिन करना है,

जीवन देती है प्रकृति, माता स्वरूप ही करती है रखवाली,

फिर उस माँ के हाथों में, क्यों थमा रहें हम दर्द की प्याली,

आओ हम करें प्राण आज करेंगे सदा प्रकृति का सम्मान,

प्रकृति हमारा वर्तमान, प्रकृति भविष्य प्रकृति से ही जान।

ये दुनिया नहीं किसी की सगी

आँख मूँदकर न विश्वास कर यहाँ किसी पर भी,
सुन मुसाफिर ये दुनिया नहीं है, किसी की सगी,

कदम-कदम पर धोखे के व्यापारी, बैठे हुए यहाँ,
कदम-कदम पर हर मोड़ पर होती दिल की ठगी,

चेहरे पर इतने चेहरे की असलियत दिखती नहीं,
अंदर चालाकी भरी हुई ऊपर से दिखती सादगी,

ना रहना इस भ्रम में कि मुखौटा पहचान पाएगा,
तेरा प्रत्येक प्रयास होगा तेरी ही किस्मत की ठगी,

झूठे ख़्वाब झूठे वादों की तस्वीर दिखाकर लोग,
हर लम्हा ज़ख्मों से भर देते हैं, भविष्य की छवि,

शराफ़त का फायदा उठाना, फितरत दुनिया की,
दिल में कपट और जुबां पर रहती है मिठास घुली,

अपने ही तो यहाँ अपनों को पिलाते मीठा ज़हर,
तो फिर बढ़-चढ़कर बात, क्यों करें हम गैरों की,

जिसे सुनाओ दिल का हाल वही उठाते फायदा,
धोखा देने वाली क्या समझे कीमत जज़्बात की,

दुनिया तो वैसे भी भागती झूठ, दिखावे के पीछे,
सच्चाई और अच्छाई ही तो सदैव चढ़ती है बलि,

मत बाँध तू उम्मीद के धागे, इस दुनिया के साथ,

डूब जाएगी बीच मझधार, नाव तेरे उम्मीदों की,

दुनिया की किसी बात में ना आना ऐ दिल कभी,

खुलेआम नज़रों के सामने होती है दिल की ठगी,

मत चल उस राह तू जो ये दुनिया तुझे दिखाएगी,

क्योंकि ये दुनिया कभी नहीं होती किसी की सगी।

समझदार हो गए

इस ज़िंदगी में नाकामयाबी के किस्से बेशुमार हो गए।
धोखा खाया है इतनी बार हमने कि समझदार हो गए।।

अपनों ने ही हर बार विश्वास तोड़ा हर कदम पर छला।
खुशियों से टूटा जब नाता, ग़म हमारे पहरेदार हो गए।।

अजनबियों की तरह गुज़र जाते हैं, बिन मुस्कुराहट के।
अपनों के बीच, अपने घर में ही हम किराएदार हो गए।।

मतलब परस्त हो गए हैं सभी, एहसास न समझे कोई।
अपनापन बचा कहाँ, सब दौलत के तलबगार हो गए।।

था गुरूर अपने नसीब पर, वो भी तो हमें दगा दे गई।
सुना था ग़म बहुत दुनिया में, हम भी हिस्सेदार हो गए।।

गुज़र जाएगी ज़िंदगी गिनते-गिनते, इतना विश्वास टूटा।
गुमान था जिन रिश्तों पर आज वही दरकिनार हो गए।।

जी रहे हमारे बिन ऐसे, जैसे कभी हम थे ही नहीं वहाँ,
मिट गई हो जिसकी पहचान भी, ऐसे किरदार हो गए।।

अभी तो एक लंबा सफ़र बाकी ही है इस ज़िन्दगी का।
और इतने ज़ख्म हमारे वज़ूद के यहाँ साझेदार हो गए।।

कहते हैं दूध का जला तो छाछ भी फूँक कर पीता है।
हमने भी आजमाया इसे जो वाकई असरदार हो गए।।

कागज़ से सीखा

मन की बात मन में रह जाए, दर्द नहीं कोई इससे तीखा,
मन में आए तूफ़ान को शांत करना मैंने कागज़ से सीखा,

संभाला उन पलों में कागज़ ने जब साथ सब ने था छोड़ा,
कागज़ से सीखा तन्हाई में कैसे जाता है खुद को संभाला,

तब एक- एक शब्द को जोड़ा मैंने, एक सुंदर माला बनाई,
कागज़ से जुड़कर ही तो क़लम की अहमियत समझ आई,

दबी हुई अपने अंदर की इस प्रतिभा को मैंने पहचाना तब,
जब कागज़ के मैदान पर बिखरी, मन के भावों की स्याही,

कोरा होकर भी कागज़ का अस्तित्व होता है कितना सुदृढ़,
कागज़ से सीखा, संभव हर कार्य है गर कर लो निश्चय दृढ़,

कितना भी फैले अंधकार, होता है प्रकाश का एक झरोखा,
रुकना नहीं कभी, निरंतर चलते रहना कागज़ से ही सीखा।

प्यार कहो या माया

प्यार कहो या माया, इसी से बंधा सृष्टि का सार है,
इसके अभाव में तो, यह जीवन हमारा निराधार है।

ग़म की धूप में, तपती है, अगर ये ज़िन्दगी हमारी,
ढूँढो तो, खुशियों की छाँव भी, यहाँ पर बेशुमार है।

अपने आप में ही, ना जाने कितने अर्थ समेटे हुए,
छोटा-सा मात्र ढाई अक्षर का शब्द अद्भुत प्यार है।

समस्त शब्द, जहाँ आकर हो जाते हैं, अर्थ रहित,
वहीं से तो प्यार के इस बीज का, होता विस्तार है।

सुमधुर और सुखद एहसास ये, है जो अवर्णनीय,
मानव जीवन की है नींव ये, यही सुख का सार है।

प्यार, ऐसा मौन भाव, जिसे केवल समझा जाता,
कभी आँखों की चमक ये, कभी अश्रु की धार है।

बेजुबान है, निर्विकार है, पर शक्ति से है परिपूर्ण,
कभी बिछड़न है प्यार, तो कभी, एक इंतजार है।

जब तक मानव जीवन, प्यार का न हो सके अंत,
इसकी डोर से ही जुड़ा, हर रिश्ते का, आधार है।

इंद्रधनुष के समान, खूबसूरत हो जाए ये जीवन,
जिसकी भी झोली में प्यार की दौलत बेशुमार है।

अनेक रूप रंग इसके, है जीवन की आधार शिला,
हमारे हर कदम के साथ बहती इसकी ही धार है।

प्यार ना होता इस जग में नफ़रत ही नफ़रत होती,
प्यार है इस जग में विद्यमान तभी तो ये संसार है।

खुद को यूँ हताश न कर

अंतर्मन की ध्वनि अनसुनी कर हर बार समझौता किया है,
खुद को भुलकर, उम्र भर ये किरदार औरों के लिए जिया है,

बिखर गए जिसके ख़्वाब सारे अरमान कहीं दफ़न हो गए,
आज तन्हा जो शख़्स, हर कोई उसी से सवाल कर रहा है,

उम्र के इस मोड़ पर आकर उसने पीछे मुड़कर देखा जब,
ज़िन्दगी पूछ ही बैठी उससे क्या तूने अपना हाल किया है,

ज़िन्दगी सुना रही है आज, एक ज़िन्दगी की खुली दास्तां,
तो सुनो उस शख़्स की कहानी, जो दिल खोल कर बैठा है,

कुछ ना कहो रो लेने दो आज मुझे कि आत्मा नम है मेरी,
कैसी किस्मत पाई आज फिर कोई अपना मुझसे रूठा है,

जितनी भी कोशिश कर लूँ मैं, किस्मत बदलती नहीं मेरी,
ज़िंदगी ने भी तो मुझसे बगावत कर, हर बार मुझे ठगा है,

सहेजा था, संभाला था, अपनों को साथ लेकर आगे बढ़ा,
पर रेत की तरह हर रिश्ता, एक-एक कर हाथों से छूटा है,

किस्मत की रूठी हुई लकीरों में, भर न सका कोई भी रंग,
हर पल यहाँ मैंने, खुद को खुद से ही बिछड़ते हुए देखा है,

किसे दूँ इल्ज़ाम मैं, जब मेरे नसीब में ही, हैं खुशियाँ नहीं,
जिस मोड़ को अपना समझा, वहीं मिला मुझको धोखा है,

फूँक-फूँक बढ़ाया हर कदम, कांटे चुभे, कितने ज़ख्म मिले,

बस एक आस में ये दिल मेरा ना जाने कितनी बार रोया है,

हाल-ए-दिल कर सकूँ बयां, न कोई पड़ाव है, न ठिकाना,

कोई पूछे तो इस दिल से, जिसमें पाकर सब कुछ खोया है,

आज नम आँखों से, बीते लम्हों की महफ़िल सजा रहा हूँ,

जिसने आज भी इस दिल को एहसासों से बाँधकर रखा है,

चाहा लौटना अपनों के पास, पर कोई राह नज़र ना आए,

रूठा नसीब रूठी ज़िन्दगी, किस्मत ने खेल कैसा खेला है,

खुशियाँ समेटने की चाहत में, दर्द ही समेटता रहा उम्र भर,

अब तो आस लगी है टूटने, खुद से विश्वास भी उठ गया है,

हाल-ए-दिल सुनकर, बोली ज़िंदगी तू तन्हा नहीं सफ़र में,

तू खुद का ही साथी बन आगे बढ़, देख हर रास्ता खुला है,

जो तन्हा कर गए तुझे, वो कभी तेरी किस्मत में थे ही नहीं,

शायद नसीब ने तेरे लिए कुछ बेहतर और ही रख सोचा है,

यूँ हताश न कर खुद को, जो तेरा है तुझे मिलकर ही रहेगा,

तेरे ज़ख्मों का मरहम भी, किसी न किसी मोड़ पर रखा है,

भूल जा जो भी हुआ पीछे मुड़ कर भी क्या ही देखना अब,

याद रख ये सफ़र खुद का साथ सच्चा बाकी सब धोखा है।

अहमियत अपनों की

अहमियत समझ आती किसी की उनके चले जाने के बाद,
जाने वाले चले जाते हैं, रह जाती हैं पीछे, बस उनकी याद,

फिर यादें बन ही वो ज़िंदगी के हर लम्हें में होते हैं शामिल,
चले जाते इतनी दूर कि चाहकर भी बुला नहीं सकते पास,

अपने होते बड़े अनमोल, संभालो उन्हें जब तक है जीवन,
किस पल कौन साथ छोड़ जाएगा नहीं किसी को आभास,

पल-पल कटती है ये जिंदगी बस उनकी यादों के सहारे ही
ढूंढती हैं आँखें जिन्हें, हर लम्हें में रहता है उनका एहसास,

लड़ते झगड़ते हैं एक दूजे से, जब होते हैं नज़रों के सामने,
चले जाते हैं जब, तभी समझ आता है, कितने शे तो खास,

रूठकर दूरी बना लेना, अहंकार में, अपनों को ना मनाना,
यही अहम भाव अपनों के बीच क्षीण करता जाता विश्वास,

पर भूल जाता है इंसान एक दिन सभी को तो है चले जाना,
जो करना है कर लो, अंत समय तो केवल रह जाता काश,

पीछे रह जाएगा पछतावा लौटकर वो पल कभी न आएगा,
अंधकार का ये पल आने से पहले जीवन में भर लो उजास,

माना जिंदगी का सफ़र रूकता नहीं किसी के चले जाने से,
किंतु किसी मोड़ पर तो कचोटती उनकी कमी उनका साथ,

तकदीर कब तस्वीर बन जाए, ये सांसें किस पल रुक जाएं,

अगले मोड़ पर शायद वो ना मिलें, जो चल रहे अभी साथ,

अपनों को मनाना सीखो, दूर जाते हुए को, रोकना सीखो,

वक्त रहते करो बात, इससे पहले कि बनकर रह जाए याद।

जीना सीख लिया

ज़िन्दगी थोड़ी मुश्किल ज़रूर है पर जीना सीख लिया,
हर ग़म को भुलाकर मैंने अब मुस्कुराना है सीख लिया।

पहेली-सी ये ज़िन्दगी एक सुलझी कहानी लगने लगी,
जब से उलझनों को मैंने अलविदा कहना सीख लिया।

खुशियों की धूप खिलखिलाती अब हर पल जीवन में,
जबसे छोटी-छोटी बातों में खुशियाँ ढूंढना सीख लिया।

किसी की मुस्कुराहट बन सके तो ये जीवन सफल है,
इसलिए इस मुस्कान को औरों में बाँटना सीख लिया।

मुस्कुराहट एक दुआ है, हर ग़म की एक खास दवा है,
इसलिए हर खुशी को मैंने माला में पिरोना सीख लिया।

सुख-दुःख है इस जीवन का हिस्सा उनसे क्या घबराना,
बस परिस्थितियों को अपनाकर मैंने जीना सीख लिया।

गुमनाम रहने दो

आवाज़ न दो अब तुम मुझे यूँ ही गुमनाम रहने दो,
जिस नाम का कोई वज़ूद नहीं उसे बेनाम रहने दो।

कदम-कदम पर बस काँटे ही काँटे बिछे मेरी राहों में,
जो मेरे हिस्से में नहीं उन खुशियों का जाम रहने दो।

थक चुका अब अपनी बेगुनाही साबित करते-करते,
ज़माने ने कर ही दिया बदनाम तो बदनाम रहने दो।

नाकाम रहा मेरी किस्मत की लकीरों को बदलने में,
लौटना मुमकिन नहीं न भेजना कोई पैगाम रहने दो।

कट जाएगी ज़िन्दगी किसी तरह यूँ गुमनाम रहकर,
रोशनी की तलब नहीं ज़िन्दगी ढलती शाम रहने दो।

अपनी बदकिस्मती में शामिल कर सकता नहीं तुम्हें,
तुम बदल लो अपनी राहें, अकेला यह नाम रहने दो।

गर्दिशों के मुसाफिर

गर्दिशों के मुसाफिर हैं हम, है तूफानों से हमारा याराना,
सामने हों कैसी भी मुश्किलें, हमने सीखा नहीं है घबराना,
हम हौसला दिल में लेकर चलते हैं, खुद पर है विश्वास हमें,
मखमली राह की चाहत नहीं हमें, काँटों पर आता है चलना,

आज हार मिली तो क्या हुआ, कल चमकेंगे बनकर सितारे,
अँधेरों से डरते नहीं, जब हिम्मत की रोशनी है साथ हमारे,
साथी तो कई मिलते हैं राहों में पर बनते नहीं वो हमसफर,
हम अपने रास्ते खुद बनाते हैं, चलते नहीं किसी के सहारे,

दिल में जोश-ए-तूफान लेकर चल पड़े हैं मंजिल की ओर,
एक दिन होंगे कामयाब, दिल में है बस कामयाबी का शोर,
गिराने वाले बहुत यहाँ, पर हमने भी सीखा है कर्म करना,
लड़ेंगे अंतिम साँस तक हम, खुद को ना होने देंगे कमजोर,

खो चुके हैं इतना जीवन में कि अब कुछ होने का डर नहीं,
मुश्किलों में इतना सताया हमें कि डर भी डरा सकता नहीं,
मिटाकर नसीब का लिखा, एक नई तकदीर लिखी है हमने
फौलाद हैं इरादे हमारे, कोई चाह कर भी गिरा सकता नहीं।

साँझ अकेली है

उलझता ही जा रहा हूँ, सुलझती नहीं ज़िन्दगी की पहेली है,
तन्हा मुसाफ़िर हूँ मैं सफ़र का, मेरी तो हर साँझ अकेली है।

ज़रूम दिया वक़्त ने ज़िंदगी के हर मोड़ पर, पर मरहम नहीं,
ख़ामोशी के आगोश में, मेरी पहचान भी धुंधली हो चली है।

जो कभी साथ-साथ चले मिट गए वो कदमों के निशान भी,
बिखर गया है खुशियों का उपवन मेरा मुरझाई हर कली है।

ख़बर कहाँ खुद को, किस ओर ले जाएगी ये अनजान राहें,
चाहत की मंजिल तो यहाँ बस नसीब वालों को ही मिली है।

ख़्वाबों का आशियाना था जहाँ, और खुशियों की धूप भी,
जहाँ गुनगुनाती थी कभी ज़िंदगी मेरी, आज बंद वो गली है।

हर मोड़ पर वक़्त की ठोकरें खाकर इतना तो समझ चुका,
वक़्त के आगे करतब करती सब की ज़िन्दगी कठपुतली है।